Y después... crecieron

ISABEL TOLEDO GÓMEZ

Y después... crecieron

© Obra: Y DESPUÉS... CRECIERON

Primera edición: Mayo, 2024

© Autora: ISABEL TOLEDO GÓMEZ

ISBN: 978-84-10040-46-5
Depósito Legal: M-10450-2024

© Editado por LIBER FACTORY www.liberfactory.com

Gestión, promoción y distribución: Grupo Editor Vision Net S.L.
C./ San Ildefonso 17, local, 28012 Madrid. España.
Tlf: 0034 91 3117696 // Email: pedidos@visionnet.es
www.visionnet-libros.com

Disponible en librerías físicas y online.

Prólogo

Cuando te planteas la idea de dedicar un libro a dos adolescentes, sabes que va a ser una tarea difícil. Que seguramente ahora no lo harán, pero en cualquier momento a lo largo de su vida recorrerán cada verso de los poemas que hay escritos, entonces te planteas, que temas elegir en esos poemas.

No podía ser solo un libro de abuela, aunque haya escrito muchas veces para ellos.

En este momento piensas en el largo camino que les queda por recorrer y todo lo que van a encontrar en ese camino.

La vida les traerá muchos de los sentimientos y las inquietudes que se plasman en este libro, ya quisiera yo que no tuvieran que vivir muchos de ellos, pero todos sabemos que el tren en el que viajamos no siempre es una experiencia placentera.

Quiero compartir con todos vosotros días de ansiedad y sinsabores, momentos maravillosos del amor en todas sus facetas, sentimientos que se despiertan a través de todo lo que acontece en el día a día. Pero sobretodo quiero transmitir a Miguel Ángel y a Guillermo toda la felicidad que da verlos crecer, y el infinito cariño que siento por ellos.

Isabel Toledo.

A García Lorca

No pude conocerte, nací tarde,
pero sé que prendido sobre el alma
llevabas todo un mundo de belleza
con música gitana de guitarra.
Que te vertiste pleno en la cuartilla
a la luz de una luna plateada
en un momento triste de la historia
donde se desangraba media España.
Le diste al mundo todo cuanto eras,
nos dejaste las casa de Bernarda,
la historia de Rosita la soltera,
unas bodas que en sangre se bañaban,
y luego Nueva York, y el romancero,
y Mariana Pineda que luchaba
por una libertad que ella quería
por una libertad que ella soñaba.
Años de residencia de estudiantes
donde arte y cultura te dejaban
amigos como Luis y Salvador
con quien tú compartías las jornadas.
Pero se hundió tu voz en el silencio
cuando aquella siniestra madrugada
quebró la maestría de tu pluma
y de luto vistió toda Granada.
Descansa en paz amigo Federico,
que aunque no escuché nunca tu palabra
el eco de tus versos me ha dejado
un perfume de sueños y esperanza.

A Guillermo

No hemos tenido charlas vespertinas,
ni te he acunado mucho entre mis brazos,
porque prefieres más esos abrazos
que regala papá cuando te mima.
Sin embargo te miro cuando juegas,
cuando a veces peleas con tu hermano,
y siempre me recuerdas los veranos
y el salir por la tarde de la escuela.
Veranos familiares de piscina,
y de juego incansable entre las olas,
donde después me imaginaba a solas
esa gracia especial con que caminas.
Esbelto cual espiga en los trigales,
con la mirada limpia todavía,
y derrochando siempre la alegría
con esas risas tuyas a raudales.
Un alma generosa es tu estandarte,
siempre dispuesto para dar tu ayuda,
experto manejando tu figura
para expresar con ella todo el arte.
Llegaste muy pequeño hasta mi vida,
y hoy eres casi ya un adolescente
pero cuando te miro siento siempre
como llenas mi alma de alegría.

Amar es suficiente

No tenemos dinero para grandes caprichos,
pero nos da la vida todo lo necesario,
para cubrir el cuerpo siempre hay algún vestido,
y tenemos la suerte de comer a diario.
Nos sobra sin embargo cariño para todos,
las caricias, los besos, no es algo extraordinario,
nos preocupa si acaso hemos visto alguien triste
y dar un buen consejo es nuestro abecedario.
Las manos siempre abiertas para ofrecer ayuda
y luchamos por todo lo que al otro le importa,
nuestra casa es remanso de paz y de ternura
porque para los nuestros eso siempre nos sobra.
Por eso ser felices no es conseguir dinero,
ni tener todo a punto cuando se nos antoja,
es sentir la familia como alguien importante,
entre amor y riqueza cada uno que escoja.

A Miguel Ángel

Ya me has sobrepasado en estatura
aunque seas un niño solamente,
ya puedes darme besos en la frente
y rodearme firme la cintura.
Aunque has perdido el rubio de tu pelo,
y tu cuerpo es ya casi adolescente,
conservas la inocencia como siempre
y los ojos que aún son color de cielo.
Avanza en tu carrera hacia el mañana,
yo doy gracias a Dios que ha permitido,
que hoy te tenga por fin siempre conmigo,
ya que nunca te pude cantar nanas.

A mi madre

Hoy he cosido mucho, igual que tú lo hacías
prendida a la tarea de un pedal incansable,
y le he dado a Dios gracias porque me dio el ingenio,
y a tì te he recordado por saber enseñarme.
¡Cuántas horas de aguja he vivido a tu lado!,
¡Cuántos días de lucha por sacar el trabajo!,
y después de la brega, que descanso tan dulce,
la labor terminada, yo dormida en tus brazos.
Disfruto de la magia de transformar las telas
para hacer esas prendas que disfrutan los míos,
y que engarzo en hilvanes para que estén seguros
y en un baile se mezclan el tejido y los hilos.
¡Cuánto pienso en las horas que compartimos juntas!,
tú poniendo alfileres para hacer los patrones,
y mis manos menudas, sin saber otra cosa
se dedicaban solo a pegar los botones.
Hoy que el correr del tiempo se ha llevado tu brisa,
soy yo la que hace prendas como tú las hacías,
y feliz por mis obras te brindo mi sonrisa
y me doy al descanso al terminar el día.
Pero ya no es lo mismo concluir el trabajo,
porque aunque estoy contenta con la misión cumplida,
añoro aquella niña que siempre se dormía
después de la tarea en la paz de tus brazos.

Aún no ha llegado el tiempo

Aún no ha llegado el tiempo, es pronto todavía,
para ver que el camino se esta quedando estrecho,
lo que ocurre es que a veces nos empuja la vida
y hay que escalar pendientes que agotan nuestro esfuerzo,
pero tras esas sendas a veces sinuosas,
hay ríos de corriente tan fresca y cristalina,
que apagan nuestra sed, refrescan el cansancio,
y curan nuestras plantas cuando han llegado heridas.
Yo sè que estas subiendo una dura montaña,
pero verás que pronto, llegarás a la cima,
y volverás de nuevo a sentir que tus fuerzas
solo estaban cansadas, pero nunca perdidas.
Habrá muchas mas lunas que iluminen tus sueños,
ilusiones seguro que vas a ver cumplidas,
porque tras la montaña se extiende todo un valle
de rojas amapolas y doradas espigas.
Este tiempo tan solo quedará en el recuerdo,
y te habrás dado cuenta al pasar estos días,
que aún eres esa rosa que aunque la mece el viento
esta firme en su tallo porque aun teniendo espinas
florecerá de nuevo con cada primavera
y dará mil perfumes antes de estar marchita.

Carta a los Reyes Magos

Devolvedme a la edad en que soñaba
en un mundo sin penas y maldades,
donde el amanecer era la dicha
de dar los buenos días a mi madre,
donde bastaba solo su sonrisa
para hacerme sentir siempre contenta,
donde al abrir los cuentos me adentraban
en historias de duendes y princesas.
Vosotros que sois magos podéis todo,
sois los embajadores de ilusiones,
apartarme al angustia y la tristeza
de esta vida con tantos sinsabores.
Os estoy esperando como un niño
que sueña en encontrarse sus juguetes,
mi corazón palpita ilusionado
en esta noche màgica de Reyes.
Me olvido ahora que estoy en ese puente
donde ya he aprendido de la vida,
que las horas se pasan enseguida,
y que se necesita ser muy fuerte
para no navegar a la deriva
arrastrados sin más por la corriente.
Por eso en esta noche solo os pido
que me traigáis un mundo diferente.

Decepción

No sé jugar al juego de la vida
ni esconder el conejo en la chistera,
mis cartas están siempre boca arriba,
no guardo otra baraja en mi cartera.

Más tendré que aprender que día a día
se juega con las cartas ya marcadas,
que hay verdades para esconder mentiras,
que hay sonrisas que vienen disfrazadas.

Saber que hay magia a veces que nos lleva
a ver lo que era solo una ilusión,
mas detrás de la magia esta la prueba
de cómo nos engaña la visión.

Y los que somos solo espectadores
del tahúr que aprovecha la inocencia,
caemos en la red de pescadores
que viven sin principios ni conciencia.

Hay dos clases de gentes en el mundo,
los que triunfan con trucos amañados,
y los que tienen claros sus asuntos,
sin éxito en la vida, pero honrados.

Dolor

Qué flecha tan certera al corazón,
cómo me está doliendo tu desdén,
el daño lo has sabido hacer muy bien
de un golpe me has matado la ilusión.
¿Qué es lo que se debate en tu interior
 para que muestres tanta indiferencia,
acaso no te dice tu conciencia
como estás enterrando un gran amor?
Pero voy a vencer tenlo seguro,
no vas a maltratarme por más tiempo,
apagaré la llama que ahora siento
y mi gran dignidad será mi escudo.

Dudas

Cuántas dudas van surgiendo
cuando me acuesto en mi cama,
¿existirá el firmamento?,
¿hay ese Dios que nos ama?,
¿tendremos tras de esta vida
otra vida para el alma?
Unamuno ¿que creía?,
¿encontró lo que buscaba?
Qué difícil la respuesta,
todos siguen una causa,
hacemos el bien o el mal
cada cual lo que le manda
su educación, sus valores,
lo que le dio su enseñanza,
la casa donde nació
y cómo fue su crianza.
Pero yo tengo mil dudas
aunque mi fe se afianza
en un cielo donde un día
encontraré mi morada.
Y sin embargo hay momentos
que la angustia me atenaza.
Es cierto lo que se dijo:
existe, si crees que pasa,
por eso quiero ondear
una bandera muy alta.
que hable de la libertad,
del amor y la esperanza.
Porque al final de la noche
hay siempre una madrugada.

Amor soñado

Espero tu llamada y nunca llega
y voy directo a tì en el pensamiento,
me llego hasta tu alcoba silencioso
para que no se turbe ese momento.
La música resuena en mis oídos
aunque la radio nunca este sonando,
pero cantan sin duda tus suspiros
y yo sueño que tú me estas llamando.
Esto que ahora yo pienso es tan hermoso
que el corazón se llena de contento.
¡Cuánto me sentiría de dichoso
si lo que yo imagino fuera cierto!

Al niño Jesús

Niño de mis amores, llama encendida
cúbreme en esta noche con tus caricias.
Permite que a mi alma llegue el descanso,
abrígame a esta hora que sufro tanto.
Déjame que me acueste con tu sonrisa,
para llegar a Ti hoy tengo prisa.
Sabes que yo soy débil, que el pensamiento
me vence hora tras hora con su tormento.
Mi lucha algunas veces se vuelve vana
y me ahoga una bruma por la mañana.
Pongo a tus pies las penas de cada día
para que la conviertas en alegría.
Y en esas pobres pajas donde nacieras
Niño de mis amores, si tú quisieras
volverías a mi vida la paz que ansío,
sé que tu traes la vida en ti confío.

Al final de la vida

Qué pena descubrir lo que es la vida
cuando ya estás a punto de dejarla,
cuando ves que en la senda recorrida
cometiste sin duda muchas faltas.
Y aunque nunca terminas de aprender,
sí que con la experiencia has ido viendo,
que muchas cosas que debiste hacer
se quedaron perdidas en el tiempo.
A la niñez la ocupa la inocencia,
luego la juventud es impulsiva,
y es la vejez la que nos da la ciencia
y empieza a ser más justa la medida.
No se puede volver andar de nuevo
el camino que ha sido recorrido,
pero justo al final de ese sendero
es cuando ya valoras lo aprendido.
Por eso no se piensen que un anciano
tiene que ser persona ya apartada,
quizá le falten fuerzas en las manos
pero está su sapiencia ya ganada.

Procesión marinera en Muros

Va la Reina de los mares
en su barca marinera,
la espuma la envuelve el trono
mientras las sirenas suenan
como una salve que al cielo
todo el puerto le subiera.
A la madre más hermosa
los marineros la llevan,
y una corte de gaviotas
va custodiando a la Estrella.
El sol se oculta en la tarde
mientras la Virgen navega,
y mil barcas a su lado
izan al viento las velas,
cuando coronas de flores
lanzadas al agua besan
a todos los pescadores
que no volvieron a tierra.

Romance

Ese hombre fue mi vida,
ya desde niños nos vieron
jugando entre los trigales
y descansando en el heno.
Fue más grande nuestro amor
según íbamos creciendo.
Marchaba con la alborada
cargado con los aperos
y era fuerte en la labranza
pero que dulce en el lecho.
Por la noche en nuestra sala
abrazados junto al fuego
inventábamos historias
mientras ardían los leños.
No era mucha la cosecha
pero llenaba el puchero.
Cuando había romería
lucía su traje negro
con una faja de lana
que se ceñía a su cuerpo,
y mi enagua almidonada
crujía por el paseo.
En una noche sin luna
me lo llevó aquel invierno,
y su hombría se hizo mármol,
y mi risa se hizo hielo.
Los campos donde el araba
se quedaron cual barbecho,
abandonados los bueyes
casi vacío el granero,
y ya no voy al regato

para mirarme en su espejo,
y al marchar a la faena
ya no cantan los labriegos.
Hoy tengo envuelto en el luto
todo el alma y todo el cuerpo,
porque sus brazos de bronce
tan duros como el acero
no ceñirán ya mi talle
por las callejas del pueblo.
Pero al ir a los trigales
como está vivo el recuerdo,
siempre le veo en el trillo
cubierto con su sombrero
lleno de fuerza y nobleza
cómo es el hombre manchego.

Sevillanas

Han visto que embrujo tiene el baile por sevillanas
que cante entre sus tacones, que rebolera en sus faldas,
cuàntas historias nos cuentan las cuerdas de la guitarra.
Las letras de sus canciones, los ojos de las serranas
que en cada quiebro un te quiero parecen decirle al alba.
Es tan bonito este baile de esta tierra tan gitana,
que hasta la Virgen sonríe cuando al rocío en sus andas
la llevan los rocieros como a una paloma blanca
y el Niño Dios en los brazos va acompañando las palmas.
Porque son bonitos todos, la muñeira, la sardana,
el chotis de mi Madrid, la brava jota Navarra,
pero hay un duende especial de alegría y de jarana,
de fiesta cuando es Abril y Sevilla en luz estalla.
Noches de olor a azahar entre las callejas blancas,
y sabor a manzanilla, y sombreros de ala ancha,
todo eso es este baile, ¿se han fijado que miradas
cuando se cruzan los ojos casi rozando las caras?
Nos hablan de las corridas, de amores que nunca acaban,
y hasta se visten de negro cuando en la Semana Santa
cambian flores por mantilla y es saeta la guitarra.
El baile ya no es lo mismo, pero hasta entonces se baila
con las manos hacia el cielo como si en una plegaria
quisieran rogar a Dios en una oración callada.
Es eso, historia de un pueblo, el baile por sevillanas.

Tus 15 años

Ya cumples 15 años, y muy pronto
vas a dejar atrás al niño de antes,
haz que tu paso busque un buen sendero,
y tu conducta siempre sea elegante.
La vida te dará buenas, y malas,
más sigue de tu padre sus consejos,
aunque creas que sabes muchas cosas
verás que él sabe más, se su reflejo.
Pronto vas a cruzar un nuevo puente
que te lleve al mañana que te espera,
no dejes que te arrastre la corriente,
lleva tu honestidad como bandera.
Y cuando haya llegado ya el momento
que el hombre que hay en ti se haya formado,
si alguna vez soplara mal el viento,
tu familia estará siempre a tu lado.

Sinvivir

Siempre esperando estoy que pase el tiempo
por ver que es lo que pasa con mi vida,
si tendré una experiencia positiva
o cambiará mi suerte en un momento.
Cuando me acecha el miedo estoy ansioso
para ver si sucede lo que temo,
luego pasan los días y compruebo
que me llega un periodo de reposo.
Más cuando esa inquietud está olvidada
vuelve aparecer otra nuevamente,
nunca le doy descansos a mi mente
siempre está en una alerta continuada.
Por eso con el tiempo he comprobado
cuantos buenos momentos he perdido,
¡qué tristeza esos años que he vivido
temiendo lo que luego no ha llegado!
Vivamos solamente el hoy y ahora
¿por qué sufrir por lo que no tenemos?,
levantemos las copas y brindemos
por lo que nos depara cada hora.
El mañana no existe todavía,
ni sabemos siquiera si vendrá
pensemos que la única verdad
es solo disfrutar el día a día.

Los dos amores

Había un jarrón azul sobre la mesa
donde brillaban doce rosas rojas
que hablaban sin hablar de las promesas
que dos enamorados se juraban.
Amor con todo lujo y señorío,
amor de traje largo y copa fina,
mientras mi novio estaba en una esquina
con los bolsillos rotos y vacíos.
Nosotros no tuvimos un poema
de algún insigne autor que nos velara,
ni música, ni luz tenue y violeta
de velas de colores perfumadas.
Bastó un paseo solo por el río
y un susurro al murmullo de la fuente,
pero era nuestro amor tan diferente
tan distinto del otro tan vacío,
porque aunque la señora con gran broche
durmió bajo un dosel de fina seda,
nuestro dosel fue toda la arboleda
y todas las estrellas de la noche.

A mis nietos

Os marchareis muy pronto a otras ciudades
y ya no volveréis a estar conmigo,
que cortos son los días con vosotros,
sin vosotros que largo es el camino.
Me prestáis esas risas que me faltan,
me dais la juventud que ya no tengo,
me hacéis sentir que se me ensancha el alma,
con vosotros olvido que hay inviernos.
Darme cuando podáis la compañía
aunque me dediquéis solo un momento,
porque quiero sentir la primavera
que estando con vosotros siempre tengo.

Acepta

Acepta la vida aunque traiga heridas,
acepta la vida aunque nunca acierte,
que cada mañana cuando te despiertes
veas un camino que tiene salida.
Acepta que a veces tendrás sinsabores,
que algunas mañanas estará nublado,
que no está quien quieres tener a tu lado,
que a veces los sueños no son de colores.
Y cuando tú aceptes que a veces la suerte
no trae todo aquello que en el alma anhelas,
verás que de pronto te vuelves más fuerte,
y puedes sin miedo izar tu bandera.

Como cada año

Como cada año se termina julio
y tengo un pellizco de pena en el alma
termina el periodo de esas vacaciones
y tenéis de nuevo que volver a casa.
Atrás se han quedado tardes en el parque
y días alegres jugando en la playa
sueños que me inspiran vuestra adolescencia
y aquellas sonrisas de cada mañana.
Volveréis de nuevo cuando empiece el curso
pero en esta noche de tanta añoranza
aunque se que ahora sois también felices
como ocurre siempre algo se me apaga.

El mar de Gijón

Hoy te miro lejano, ya no abrazas mi cuerpo,
contemplo el oleaje desde la cristalera,
y se nublan mis ojos contemplando el paisaje
y me veo cansada sin ser ya la que era.
Veo pasar mi infancia con las risas de entonces,
con mi ilusión al viento jugando con la arena.
Ahora son otros niños los que surcan tu espuma,
mis adorados niños de los que soy abuela.

Ser vieja

Sé que te asusta la palaba vieja
pero solo lo dice el calendario,
tu alma al despertar cada mañana
te dice "un nuevo día ha comenzado"
para luchar sin tregua por ser libre
para sentir a veces el pasado
y cerrarle la puerta si fue duro,
si el amor se escapó de nuestro lado,
para reír la risa de tus nietos,
para comprarte a veces un regalo
y decirte a ti misma, lo merezco
por todas esas veces que he llorado.
Ser vieja para mí no significa
llevar un equipaje muy pesado
repleto de recuerdos que son duros,
repleto de recuerdos que hacen daño.
Ser vieja es que se carguen tus maletas
de experiencias de tiempos ya pasados,
sin importarte lo que opina el otro
poder llevar las riendas a tu lado.
Ya no tienes horario que te obligue
a cumplir cada día en un trabajo,
si quieres ver el alba tú lo eliges,
o trasnochas bajo un cielo estrellado.
Llevas mucha ventaja al mundo joven
porque lo tienes ya muy estudiado,
y ves recolectada la cosecha,
fructificando todo lo sembrado,
puedes vivir en paz contigo misma
liberada de mitos anticuados,
tranquila porque ya está el libro escrito,

con dicha por saber que lo has logrado,
y ya solo te falta un buen epílogo
para cuando Dios quiera terminarlo.

La bicicleta

Te ofrecen el regalo tan preciado
que tú estás esperando cada día
y que tendrás si fueras agraciado
y toca en Navidad la lotería.
Más tu contestación fue muy hermosa
digna de un corazón con valentía,
yo la quiero ganar con mi trabajo
y el esfuerzo que ponga cada día.

En la antigua escuela

Yo crecí a mi pesar, yo no quería
no ansiaba el alcanzar los dieciocho,
era feliz allí donde vivía,
una niña soñando la alegría
de marchar al colegio hacia las ocho.
Me gustaba el olor de los tinteros
y de aquellas plumillas afiladas,
con los colores de los lapiceros
yo le ponía brillo a los luceros
después de terminar cada jornada.
El salto de la comba en los recreos
con alguna letrilla que aún recuerdo
y en la gimnasia los pololos negros
que cubrían mis piernas tan delgadas.
Todas en fila con los babys blancos
íbamos a tomar la leche en polvo,
y entre risas, los sueños infantiles
nos los fuimos bebiendo sorbo a sorbo.
Allí nos enseñaban los deberes,
a buscar al crecer el matrimonio,
a no abusar sin más de los placeres,
huir de las tentaciones del demonio.
Pero a pesar de todo, aquel recuerdo
me trae tiempos felices de mi vida,
y se aferran mis sueños al pupitre,
y añoro esa inocencia ya perdida.

Oración frente al Alzheimer

No me quites el mundo que me has dado,
déjame un poco más de estar conmigo,
no me pongas la niebla en el camino
y aquello que viví sea olvidado.
No me dejes caer en el abismo
de ese pozo sin fondo de la mente,
donde ningún recuerdo está presente,
donde no queda nada de uno mismo.
No me des el dolor de no encontrarme
y vagar por los días de las sombras,
dónde ya no comprendes si te nombran,
dónde ningún consuelo puedan darme.
Si llega ese momento tan temido
que hasta el amor se vuelve indiferente,
no me dejes la vida del ausente,
ten compasión y llévame contigo.

No es preciso maldecir

Maldita sea la boca que en mentiras
invierte en la desgracia de otra gente,
maldito el que se siente indiferente
cuando alguien con su amor le da la vida.

Maldito el que aprovecha la ternura
de un alma generosa que se entrega,
maldito el que le da falsa moneda,
maldito el que al perdón le pone usura.

El que es lobo traidor tras el cordero,
El que arrasa cosechas de bondades,
maldito el que levanta tempestades
y ha puesto al corazón capa de acero.

Más como maldecir, si la fe dice
que no se tome en cuenta aquel que ofende,
que vale más el noble que defiende
que todo aquel que deja cicatrices.

Dejemos pues que el ruin siga adelante
arrastrando su lastre día tras día,
no hace falta que nadie le maldiga
viajar con ese peso ya es bastante.

Nostalgia

Me he construido a golpe de mil noches en vela,
de ver partir los míos, no siempre por la muerte,
de luchar incansable por vencer la injusticia,
de soñar el amor y poder conocerle.
Y hoy que estoy en la sala previa al último encuentro,
con la vida pasada y ya sin un futuro,
veo el tiempo gastado en batallas perdidas,
de vivir muchas veces tan solo el lado oscuro.
Me estoy arrepintiendo de perder la sonrisa,
de no caer más veces en mágicos placeres,
de pasear un parque sin que tuviera prisa,
de permitirme un día faltar a mis deberes.
Me estoy arrepintiendo de besos que no he dado,
de los muchos enfados que tuve sin razones,
de no disfrutar nunca pensando en el pecado,
de no vivir las noches que traen las ilusiones.
Y hoy desde este sillón que acoge mis dolores,
donde la chimenea tan lentamente arde,
me pesa no haber visto del mundo los colores.
Qué pena, lo he sabido ya demasiado tarde.

El mar

El mar es un cuadro que ya está pintado,
le puso colores el Dios soberano,
dónde pescadores le quitan dibujos
que llenan de vida y muerte sus barcos.
El mar es bravura cuando con sus olas
azota las rocas que deja llorando,
pero puede a veces ser caricia suave
que llega a la arena de tintes dorados.
Al llegar la noche, refleja en su espejo
la luna que viste su vestido blanco.
Alberga tesoros que todos codician,
su fondo es testigo de muchos naufragios,
y en las caracolas pueden escucharse
todos los sonidos que tiene su canto.
El mar es la musa para los poetas
porque su belleza les ha enamorado,
y juega gozoso con todos los niños,
con su espuma blanca les da sus abrazos.
Cuando llegue el día del adiós eterno
yo desearía poder contemplarlo,
y desde la playa partir hacia el viaje
llevándome un beso de sal en los labios.

Herido

No pudo imaginar tu amanecer
cuando te vio nombrar adolescente,
que después llevarías en la frente
la huella de dolor de una mujer.

Despertaste a una vida de placer,
de niñez arropada con arrullos,
con incansables notas de murmullos
cual fuente que a un capullo ve crecer.

Y después en lugar de renacer,
cuando el amor alzó su primer vuelo,
viste como caía sobre el suelo
aquel sueño que nunca pudo ser.

Pues tan solo te dieron a beber
en lugar del licor que tu ofreciste,
una copa de hiel amarga y triste
con la que ella brindó al verte caer.

Con el tiempo llegó tu atardecer,
y el niño de las dulces ilusiones
aprendió que hay quien mata las pasiones,
aunque nunca lo pudo comprender.

Recuerdos en papel

Me faltan espacios para los recuerdos,
son tantas las cosas que me dan cariño
que miro mi estancia y está toda llena
de hojas de colores con sueños de niños.
Letras con ternura de dedicatorias
que hablan de la madre y los cumpleaños,
llegan puntuales, son cómo palomas
que vienen a casa y alegran mis años.
Imágenes tiernas de tiempos vividos
dónde en cada cuadro los veo crecer,
y hago día a día lentos recorridos
que hacen que mi otoño sea amanecer.
Soy feliz con ellas, me hacen compañía,
a mi edad importan mensajes sinceros,
que es lo que me envían esas cartulinas
dónde están plasmados todos sus te quiero.

Mirada a Cuenca

Ya se han muerto los sueños infantiles,
los juegos al regreso de la escuela,
vuelvo a la antigua tierra de mi infancia
viejo ya el corazón, perdida la inocencia.
Aquí donde se esconden mis recuerdos
aquí que habita el arte en cada piedra,
hoy son testigos mudos de una vida
que contemplo al volver llena de ausencias.
En ninguna ventana está mi madre,
y tú ya no te asomas a la reja.
La catedral se alza entre tejados
guardando entre sus muros mis promesas,
y corre cristalino igual que siempre
al pie de la muralla el río Huécar.
Qué distinto el paisaje siendo el mismo,
pero el alma que hoy traigo no es aquella,
tú mi ciudad de luz sigues erguida
igual que yo cuando marche a otras tierras,
entre tus calles se quedó el pasado,
aquellas ilusiones que eran nuevas,
fuerte mi corazón como tus rocas,
fresca mi juventud como tus sendas.
Ahora te voy buscando silencioso
con lento caminar por tus callejas,
que pensé conquistar a mi regreso
volviendo a ti cargado de riquezas,
pero hoy que tengo el triunfo entre mis manos,
ahora lo que me faltan son las fuerzas.

Mi niñez

Yo escribía en un libro con hojas amarillas
porque nunca tenía para papel en blanco,
era una niña entonces de apariencia sencilla,
y un sueño en una vida que aún no había despertado.
Es cierto que en mi casa no había muchas cosas,
el sueldo de mi padre nos cubría lo justo,
pero siempre en mi santo me regaló una rosa,
y mi madre en sus brazos me hacía sentir a gusto.
Crecí con la inocencia que nunca caducaba,
escuchando refranes que decía mi abuela,
un pijama gastado debajo de mi almohada,
y pan con chocolate al volver de la escuela.
Pero nunca en mi vida fui más feliz que entonces,
nada suple el cariño que tuve en esos años,
repicaban alegres mil campanas de bronce
y el mundo todavía no me había hecho daño.
Después tuve mil folios para escribir poemas
y una cómoda casa sin precisar brasero,
pero ya no había entonces el calor de mis padres,
y al final la inocencia se quedó en un alero.
Más no puedo quejarme porque he tenido suerte
aunque a veces la noche me sorprenda en tristeza,
he visto ya pasar muy cercana a la muerte,
sin embargo ahora hay niños donde la vida empieza.
Ellos llenan mis días de juegos y de risas,
para ellos tengo siempre abierta la cancela,
me hacen sentir ahora como una suave brisa,
cada vez que me llaman y me dicen abuela.

Mi pueblo

Yo vi crecer la higuera en aquél viejo patio,
me sentaba a su sombra a charlar con mi padre,
mientras que sujetaba el bastidor mi abuela
al lado de una caja con hilos y dedales.
Qué abiertos los sentidos oliendo aquellas hojas
y degustando el fruto al caer de la tarde,
cuando salían los novios a pasear las eras
y corrían los niños alegrando la calle.
Hoy ya no queda nada de aquél tiempo pasado
ahora hay olor asfalto y ya no borda nadie,
los grandes caserones son altos edificios,
arrancaron las viñas, cerraron los lagares.
El humo poco a poco fue ahogando aquella higuera
y el progreso acabo llevándose el paisaje,
me falta aquella infancia que perdí con el tiempo,
y cuando vuelvo al pueblo ya no encuentro a mi padre.

Nana

¿Qué tiene este lucerito
que en su boca de rubí
ha aparecido un puchero
porque no quiere dormir?
Le está mirando su madre,
le dice silencio, schisss,
cierra tus ojitos verdes
que la luna va a venir.
Mientras le mece la cuna
canta con tanto sentir,
que ya el niño se ha dormido
y le vela un querubín.

Mis raíces

Yo llevo a mi Madrid dentro del alma
porque en el yo sentí la luz primera,
pero tengo raíces castellanas
por parte de mi padre y mis abuelas.
Ellos nacieron todos en los pueblos
de la que antigua fue Castilla vieja,
ubicados muy cerca de Toledo
considerada hoy tierra manchega.
En ellos aprendí por el verano
a montar en el trillo por la era,
caminar con el cántaro a la fuente,
y a dormirme debajo de una higuera.
Por eso aunque yo gire con un chotis
con un pañuelo blanco en la cabeza,
y me envuelva en mantones de manila
y vaya por la noche a la verbena,
nunca voy a olvidar aquella infancia,
ni el puchero cociéndose en la leña,
ni ver a las mujeres en el río
aclarando la ropa entre las piedras,
al pastor que venía por la tarde
a llevar al redil a las ovejas,
los bailes en el centro de la plaza
cuando las casas se vestían de fiesta.
Que viva mi Madrid. él es mi vida,
pero corre Castilla por mis venas.

Sueño infantil

El niño soñaba, soñaba dormido,
soñó que volaba en un caballito,
le llevó muy lejos hasta el infinito
donde nunca nadie jamás había ido,
subió a las montañas, cruzó por mil ríos,
llegó a los confines de una valle perdido
donde están los duendes jugando escondidos,
en donde en sus leyes nada está prohibido,
porque allí no hay hambre, porque allí no hay frío,
en esos confines no existe el peligro.
Tanto duró el sueño, tanto soñó el niño
que despertó hombre, y un escalofrío
recorrió su cuerpo, todo se había ido,
surgieron las guerras, y los egoísmos,
los que no respetan jamás al vecino,
el que roba al pobre para hacerse rico,
y el que engaña al otro con planes fingidos.
No quiso seguir andando el camino,
¿dónde estaba el sueño que él había tenido?
En una mañana bañado en rocío
debajo de un árbol le vieron tendido,
con una sonrisa se heló su latido.
No quiso bajarse de su caballito.

Traición

Me he visto en el espejo y he sabido
que ya mi juventud está lejana,
los ojos ya no viven la mañana,
se adivina lo mucho que han sufrido.

 Ya dejé de ser nardo florecido,
ni repico alegría de campana,
no se asoma la luz a mi ventana
y muchos de mis sueños se han dormido.

Quizá alguien se pregunte la razón,
pues fue por un amor que yo perdí,
me rompió sin piedad el corazón,

pues todas sus promesas me creí,
y una vez descubierta la traición
en una sola noche, envejecí.

Soneto

Quise atreverme a componer sonetos,
y no sabía conjugar las rimas;
ayuda le he pedido hasta San Dimas,
y ya me ha concedido este cuarteto.

Difícil era dar con el secreto
de cómo conseguir subir la cima,
tanta dificultad tenía encima
que cada vez estaba en más aprieto.

No sé por qué me empeño en ser poeta
de algo que realmente no domino,
acaso quiera ser como un asceta,

más nunca he pretendido lo divino
mejor que llegar mal hasta la meta,
que se quede el soneto en el camino.

Recuerdo a Miguel Hernández

Miguel habló de un niño con abarcas vacías,
las mías estaban llenas pero sin alegría.
Miguel habló de un niño al que la escarcha helaba,
mi chimenea encendida, pero mi alma apagada.
Miguel habló de un niño que no tenía zapatos,
mis pies siempre cubiertos, mis pies siempre calzados.
La gente se reía de sus abarcas rotas
y yo tengo en mi casa quien me limpia las botas.
Sin embargo aquel niño en medio de su pena
nunca sintió ésta angustia que el corazón me llena.
Siempre su compañía fue un rebaño de cabras,
a mí todos los días me llegan mil palabras.
La gente está a mi lado, bulliciosa mi casa,
pero siempre en mi pecho la pena es la que pasa.
Y me siento culpable por el niño inocente
que vivió aquel vacío coronando su frente.
Él tenía un motivo, nunca tuvo regalos,
yo teniéndolo todo me siento desgraciado.

Rimas

Yo sé que tú me querías
aunque no lo confesabas
porque tus ojos ardían
cada vez que me mirabas.

Te vi con otra mujer
y fíjate si te amaba
que al ver tu felicidad
aun sufriendo me alegraba.

Yo sé que no me has querido
cuando en ti vivía pensando
y aunque tú ya te hayas ido
ya ves, yo te sigo amando.

Tu no sabías amar
y cuando por fin supiste
a otros fuiste tú a ofrecer
lo que conmigo aprendiste.

Vivía tu amor callando
aunque por ti me moría
y sé bien que algunas veces
con los ojos lo decía.

Cuando te fuiste de mi
ni siquiera me miraste
porque tus ojos querían
decir lo que te callaste.

Ayer te dije te quiero
y hoy voy a decirte adiós
que tú lo partes con muchas
y el amor solo es de dos.

Solo sé que te he querido
no me preguntes por qué
que el amor dicen que es ciego
y no se suele entender.

Mi madre me mandó algo
que yo nunca lo he cumplido,
no quiso que te quisiera
y la he desobedecido.

Si es un amor de verano
no hagas mucho caso de él
porque a las primeras lluvias
se suele desvanecer.

Yo no consigo encontrar
un amor correspondido,
cuando le quiero, me olvida
cuando me quiere, le olvido.

El pájaro va a la rama
la mariposa al capullo
el pez al agua del río
y mis ojos a los tuyos.

Si me quieres dímelo
y si no puedes marcharte
porque ni mi amor es tuyo
ni puedo dárselo a nadie.

Sigue mi consejo niña,
y sepárate de él
que abandona la colmena
cuando ha sacado la miel.

Yo tengo en ti puesto todo
mi vida y mi sentimiento
y sé que no me dedicas
ni siquiera un pensamiento.

No te fíes de promesas
que amores dulces convidan,
la mitad no son verdad
y la otra mitad se olvidan.

No creas que no te quiero
y que por eso me he ido
es que tú das el amor
igual que el pan a un mendigo.

Conversación con el miedo

No voy a permitir que me domines,
que me conviertas en quien nunca he sido,
que tengas a mi espíritu vencido
y que mi fortaleza siempre mines.
No te voy a dejar que te apoderes
de mi capacidad y valentía,
que me conviertas en la losa fría
que está encima de ti cuando te mueres.
No quiero el sin vivir que me propones
luchando cada hora con el miedo,
no quiero recorrer ese sendero
que amenaza borrar mis ilusiones.
Yo sé que eres muy fuerte y me acorralas,
me derribas en tierra con tu acero,
te da lo mismo junio que febrero
para clavarme sin piedad tu espada.
Más no has tenido en cuenta en tu perfidia,
que yo puedo crecer en un momento
y me levanto aunque me tire el viento
si tengo que luchar por mi familia.

La ternura de la infancia

Al calor de mi pecho quiero tener tu vida,
beberme en la mañana la risa de tu boca,
mirarme en la inocencia de tus ojos de niño
que no hubiera en tus días ni siquiera una sombra.
Cogerte de la mano y pasear el parque
unida tu niñez junto a mi ocaso,
tener la primavera como alfombra
que recoja las huellas de tus pasos,
y después, ya no importa casi nada
porque todo lo llenas con tu dulce presencia,
y así en la noche le diré a mi almohada:
me he embriagado del néctar de su esencia.

La lección del abuelo

Te sentarás un día con tu nieto
cuando el pueda entender ya tus palabras,
y le hablarás de todos estos días,
de la felicidad que disfrutabas
cuando iba vacilante con sus pasos,
cuando era siempre limpia su mirada.
A lo mejor le cuentas esas cosas
que de los viejos dicen son "batallas",
de cómo construiste con tu esfuerzo
paso a paso el cimiento de tu casa.
Quizá para que aprenda qué es la vida
le contarás que hay noches que son largas,
momentos en que el sol no nos calienta,
días en que se quiebra la esperanza.
Más, le dirás que no vacile nunca,
que al tiempo hay que plantarle siempre cara,
pues tras los días grises del invierno
llega la primavera que los cambia.
Le dirás que se aferre a su presente
porque el futuro solo es un fantasma,
que luche por las cosas que son ciertas,
no se angustie por qué traerá el mañana.
Le contarás que tú lo has aprendido
tan solo con el tiempo cuando pasa.
Y entonces él te cogerá la mano
para darle calor a tus palabras,
y te la estrechará, seguramente,
aunque sus labios no te digan nada
y te brinde tan solo una sonrisa
con la que diga abuelo, muchas gracias.

Madre mia

Qué injusta fui contigo madre mía
no comprendí tus luchas y tus miedos,
no supe adivinar en tu mirada
todo lo que por mi estabas haciendo,
aunque me queda en la quietud del alma
lo mucho que te amé, eso sí es cierto.
Pero en aquellas noches que cosías
y te calaba el frío hasta los huesos
estabas siempre sola, con la manta
que para trabajar cubría tu cuerpo.
Yo entonces muy pequeña no entendía
que con ello ganabas el sustento.
Y tras la noche gris, en la mañana
ponías en tu boca un tierno acento
para que yo me levantara alegre
y alegre me marchara hacia el colegio.
No se acababa nunca tu jornada,
y hasta a veces rendida por el sueño
aún tenías la fuerza suficiente
para que me durmiera con un cuento.
Tu no fuiste mujer, solo eras madre,
nunca te concedistes ni un deseo.
 Hoy en mi atardecer he comprendido:
¿por qué fueron quebrándose tus huesos?,
¿por qué estaban tus ojos tan cansados?,
¿por qué tu caminar era tan lento?,
¿por qué no había fuerza ya en tus manos?,
¿por qué te envejeciste antes de tiempo?,
dejándote la vida en el camino
para que yo tuviera lo que hoy tengo.

Haikus

No me haces daño,
resbala como lluvia
cada calumnia.

Rompe mis ramas
 y ya verás la fuerza
de mis raíces.

La abuela teje
a lo largo del tiempo
mil añoranzas.

Era mentira
y todos te creían,
hoy estas sola.

Las amapolas
pintan en los sembrados
un bello mapa.

Sale la luna
y la noche le escribe
cartas de amor.

Bellos poemas
los que archivo en el alma
en noches blancas.

Llegó el otoño
perdí la primavera
hace ya tiempo.

El cementerio
se llena de cipreses
llorando ausencias.

Perdí mi rumbo
cuando cayó la noche
y fui silencio.

El agua llora
porque ya tu reflejo
no está conmigo.

Ya amanecía
cuando leí en tus ojos
la despedida.

Abro los ojos
y siento que la aurora
no ha despertado.

Llueve en la noche,
la calle está mojada
también mis ojos.

Esa montaña
es un reto que tengo
nunca la alcanzo.

Plegaria

En Tús manos me pongo para pasar la noche
y a Tú bondad apelo para que sea tranquila,
que no vengan los sueños que a veces me despiertan
con angustia en el pecho, nublada la pupila.
En Tús manos me pongo porque des a mi vida
la calma de la tarde cuando ya se termina,
y alejes de mi cama los fantasmas que acechan
que me obligan a veces a no encontrar salida.
En Tús manos me pongo Oh Todopoderoso
remansa el pensamiento cuando a veces se agita,
y convierte esas horas donde ya no hay descanso
en una noche larga de quietud infinita.

Ruego

Hoy yo quiero contarte mis secretos
aunque sé que es seguro que los sabes,
lucho por la verdad y la justicia
pero de ellas no tengo yo la llave.
Procuro practicar las enseñanzas
y seguir lo que diste en Tus mensajes.
Y en esta íntima hora de la noche
yo quisiera pedirte, suplicarte,
que des al corazón el sentimiento
preciso, para no hacer daño a nadie.
Yo quiero darle al mundo mi alegría,
ir repartiendo risas por la calle,
de amor tener repleta la despensa,
y que a toda mi vida le acompañe
unas manos cubiertas de caricias
para ir dando a la gente cuando pase.

Las copas de la vida

Todos tenemos una en nuestras manos
al tiempo que llegamos a la vida,
y ponemos aquello que soñamos,
pues las vamos llenando día a día,
primero de inocencias infantiles,
luego de adolescencia de caricias,
más tarde, van surgiendo sinsabores,
otras ponemos rayos de alegría,
Y las copas se llenan con el tiempo
con un cóctel de néctar y de acíbar.
Y pasados los años, ya colmadas
de tantas experiencias adquiridas,
bailan en esa fiesta que festeja
al punto que tenemos la partida,
si la existencia fue cosecha fértil,
o nos vamos llevándolas vacías.

La envidia

Es uno de los siete pecados capitales
decíamos de niños en la escuela,
más hoy he comprendido con los años
que es mucho mas que un dogma de la iglesia.
La envidia es como un mal que nos corroe,
abre en nuestras entrañas una grieta
donde se instala un mar de lava ardiente
que cada día está mucho más negra.
O corre planeando en vuelo bajo
igual que el buitre va tras de su presa,
o es un arco que lanza su traición
con veneno en la punta de la flecha.
No sé si me da odio el envidioso
o más bien por su vida tengo pena,
porque es triste pensar que la ponzoña
está embargando un alma que se anega,
y nunca tiene paz ni tiene sitio
para poder sentir amor en ella.

Mis poemas

Hay poetas que un día serán historia
tendrán fama las rimas que escribieron,
y estudiantes que acaso aún no han nacido
recitarán leyendo a los maestros.
Yo no pretendo estar en esos libros,
no quiero ser poeta para eso,
ni quiero que me cuenten octosílabos
ni si están bien medidos los cuartetos.
Yo quiero con suspiros para el alma
que sientan mis amigos que los quiero,
con rimas que despierten fantasías
poder dormir a un niño que a veces tiene miedo,
respirar la belleza de un ocaso,
soñar con un amor que está naciendo,
denunciar al que engaña con mentiras
y con mieles esconde su veneno.
Despertar la sonrisa en los que lloran,
que me embriague la lluvia de los besos.
Cada hoja del libro que yo escriba
tendrá un poema que se lleve el viento,
y se lo hará llegar a ese mendigo
que precisa calor en el invierno,
al anciano que vive en soledades,
a la madre que sueña el hijo dentro,
o a la que tiene el corazón vacío
porque el suyo ya duerme en el silencio.
No estudiaré ni el ritmo ni la rima
ya lo hace el corazón al ir latiendo,
marcando en esa música secreta
todo lo que le inspira el sentimiento.

Buscaré el diccionario del cariño
para escribir con él algún soneto,
la comprensión quizá será mi musa,
haré romances que despierten sueños,
todo cuanto yo soy daré en mi obra
y ese será le legado de mis versos.

Consuelo

Dios me vino anoche a ver
y sé que me ha bendecido
yo sé que estuvo conmigo
y sé que no lo soñé.
Ocupó mi pensamiento
que estaba lleno de dudas
y dio a mi alma desnuda
la calma en ese momento.
Remansó el pecho agitado,
mis ojos dulces cerraron
porque de pronto encontraron
la paz que da su cuidado.
Y lo que iba a ser desvelo
y lucha para vencerlo,
El sacó de mí el averno
dándome el amor del cielo.

Mi otoño

Me he asomado a los ojos del hijo,
que distinto esta hoy su reflejo,
me devuelve una imagen cansada,
su tersura perdida en el tiempo.
Y tus manos cogieron mis manos
como siempre me diste tus besos,
pero ya no son manos menudas
ni las mías son ya las que fueron.
Es todo primavera tu semblante,
erguido de firmeza todo el cuerpo,
como el tronco de un árbol que se arraiga
para hundir sus raíces en el suelo.
Yo mientras, ya soy hoja de un otoño
que pronto quedará a merced del viento,
porque hoy en mí semblante ya atardece
lo que ahora está en el tuyo amaneciendo.
Tus ramas van creciendo cada día,
mientras las mías van envejeciendo
con colores más ocres y amarillos
que va pintando lentamente el tiempo.
Atrás quedó la gota de rocío,
la vida me desnuda en paso lento,
pero quiero gozar atardeceres
antes que llegue el frío del invierno,
porque en esta estación, aún la belleza
puede surgir para vivir momentos
en que el sol hoy más tibio me acaricie
y pueda recrearme en su silencio,
pensando que lo hermoso de este otoño
es saber que mis hojas van cayendo,
más las ramas que voy dejando secas
las cubrirán las tuyas floreciendo.

Desamor

Me dejaste la vida a la deriva
sin saber encontrar ya mi camino,
al borde del abismo mi destino
añorando el amor que te tenía.
Vagué cual solitario peregrino
sin que nada calmara el sufrimiento,
y han pasado los años y no entiendo
aquel comportamiento tan mezquino.
Porque tu daño fue tan viperino
cuando mi pecho estaba por ti ardiendo,
que a solas por la noche no comprendo
como me diste solo aquel mal vino.
Y nunca me acostumbro a tu traición,
y aquel dolor inmenso que me diste,
pues desde entonces soy un hombre triste
que un día se quedó sin corazón.

El libro

Amigo inseparable de una niña
que creció recitando sus historias,
llenando así sus sueños infantiles
que hoy guarda con amor en su memoria.
Compañero de noche adolescente
con la curiosidad que dan los años,
cuando aún no se han vivido desengaños
y las tristezas ahora están ausentes.
Aquel que desveló todo el misterio
en una juventud hoy ya lejana,
cuando se despertó por la mañana
y sus hojas cambiaron su criterio.
Donde aprendió costumbres de ciudades
sin que nunca llegará a visitarlas,
y personajes siempre universales
que otros tiempos llegaron habitarlas.
Han llenado mi humilde biblioteca,
el rincón preferido de la casa,
donde hoy contemplo como el tiempo pasa,
pero aún me llenan de emoción sus letras.
Mi corazón ya un poco fatigado
tiene con él a veces confidencias,
y le cuento que duelen las ausencias,
y agradezco lo mucho que me ha dado.

Las mujeres de la posguerra

Mujeres en blanco y negro viviendo del estraperlo
con huérfanos de la mano y el pan con racionamiento.
Se levantaban temprano para ir a los lavaderos,
cocinando en el carbón, siempre escasos los pucheros.
En el verano el botijo, en el invierno el brasero,
y canciones que ahuyentaban las penas y los recuerdos.
Mujeres trabajadoras lo mismo fuera que dentro,
en las mañanas fregando y por las tardes zurciendo,
ayudándole al marido, otras viudas tras el velo.
Llevando día tras día mucho dolor en el cuerpo,
unas porque había ausencias, otras por vivir con miedo.
Eran las esposas de… siempre en un segundo puesto,
acompañaban al hambre soñando siempre en secreto
con medias de cristal fino que casi nunca tuvieron.
Muchas de ellas se ceñían hábitos de Nazareno
dando hijos a la patria porque así estaba dispuesto.
Fueron esposas y madres, cuidaron de sus abuelos,
pero todos olvidaron que detrás de tanto esfuerzo
había mujeres valientes privadas de sus derechos.

Noche de Reyes

La noche de reyes por todas las casas
dejando ilusiones pasaron los magos.
La ciudad dormía esperando el alba
para ir a buscarlos debajo del árbol.
Pero vieron luces en una ventana
una mujer sola estaba llorando,
nadie había en la estancia, ni al lado de ella,
nadie había tampoco en los otros cuartos.
Los tres en silencio fueron a su encuentro
también en silencio los tres se sentaron,
sobraban palabras porque ellos sabían
lo que dentro de ella estaba pasando,
soledad, nostalgia, tristeza, vacío,
por los que se fueron, los que no llegaron,
ella no tendría despertar de niños
ni un amor dejando nada en sus zapatos.
Más como los Reyes son tres hombres buenos,
más como los Reyes son tres hombres sabios,
le dijeron: mira fuera de tu casa
porque hay mucha gente que te está esperando,
niños que no tienen quien mezca su cuna
dales las caricias que estabas guardando,
no te quedes sola pensando en tu pena
que tú también puedes repartir regalos.
Al llegar el día se marchó a la calle
repartió sonrisas, lanzó al viento abrazos
y poquito a poco se fue dando cuenta
que todas sus penas se iban alejando.
Vio al pobre en la esquina y le dio limosna,
a la niña ciega que vende tabaco
le dejó su beso sobre la mejilla,

a cruzar la calle ayudó a un anciano,
descubrió del alma toda la ternura,
que había caricias durmiendo en sus manos,
fue tanta la dicha que sintió ese día
que comprendió entonces el mensaje santo
de cómo se puede ser feliz sin nada,
repleto de vida estaba su árbol,
y quedó su pecho lleno de ternura,
que bello el presente de los Reyes Magos.

La vida

La vida es una lucha permanente
donde se trata de alcanzar la gloria,
pero pocos obtienen la victoria,
hay solo una rutina diariamente.

Pues somos unos pobres penitentes,
llenando de recuerdos la memoria
de todo lo que ha sido nuestra historia,
y ha quedado grabado en nuestra mente.

Vivimos por las buenas y las malas
soñando cada uno un buen destino
donde podamos extender las alas.

Más no siempre encontramos el camino,
y cuando hemos gastado nuestras balas
solo nos queda ya el juicio divino.

Para el viaje

Quiero llevarme al más allá tú risa,
las tardes en el parque de la mano,
quiero llevarme el beso que a hurtadillas
estrené aquella noche de verano.
Quiero llevar mi despertar contigo,
el susurro que musitó un te quiero,
la estrella que aquél día fue testigo
de tu cariño siempre verdadero.
Y con ese bellísimo equipaje
que nos brindó a los dos felicidad,
será mi pasaporte para el viaje
con el que llegaré a la eternidad.

La princesa Irene

Sabina nombra a la princesa Irene
pero nunca ha sabido donde habita,
ni sabe las virtudes que ella tiene,
ni sabe de su alma tan bonita.

Si acaso al componer aquel poema
la hubiera por fortuna conocido,
sabría que los años que ha vivido
han hecho de ella una persona buena.

Es sencilla, no gusta de engreída,
lleva una línea recta por delante
y sabe ser en todo agradecida.

Y aunque aún no ha vivido lo bastante
le ha dado ya dura lección la vida,
pero aún en el dolor es elegante.

El amor

¿Quién dice que el amor es solo bello
cuando vives la dulce primavera?
Qué solo la pasión es verdadera
cuando de juventud hay un destello.
El amor del ocaso tiene el sello
de no ser aventura pasajera,
porque ha llenado ya una vida entera
cuando se peinan blancos los cabellos.
Yo vivo ahora ese amor, y es como un sueño,
quererle sin medida y que me quiera,
porque los dos sabemos la manera
de tener su tesoro como dueño.

Dormida

Hasta cuando duermes exhalan tus labios
suspiros que emanan licores prohibidos,
y yo silencioso por no despertarte
contemplo tu rostro apacible y tibio.
Tus ojos cerrados guardan el secreto
de ese color negro tan lleno de brillo,
y estiro el silencio para que no acabe
aunque quiero el día para estar contigo.
Pero es que en la noche te tornas, ¡tan bella!
que muy suavemente aparto tus rizos,
y encuentro en tu piel caminos de seda
que llevan mis dedos hasta tu latido.
No hay nada que anhele más, que ese momento
donde tu silencio es siempre tan mío.
Inmerso en la dulce quietud de la alcoba
me tiendo a tu lado para no hacer ruido,
y en ese embeleso con un tierno abrazo
feliz a tu lado me quedo dormido.

La guerra

Mañana será otro día,
otro día más de asedio,
y mientras los cementerios
están ya por cualquier vía.
Se amontonan las cunetas
de hombres niños y mujeres,
que las bombas no distinguen
donde caen y a quienes hieren.
Y la ciudad ya es escombro,
y las casas se derrumban,
y las calles ya son tumbas
de hombres que fueron dichosos.
Y mientras, los poderosos
en sus cómodos sillones
invierten muchos millones
que convierten en despojos
aquellos pueblos hermosos
que hoy destruyen los cañones.
Que Dios devuelva cordura
aquellos que usan la guerra
para destruir la tierra
y causan miedo y locura,
que cese el dolor y el llanto
porque nadie se merece
que mientras que se enriquecen
estén sufriendo otros tanto.

Dedicado a Juan

No la toques ya más que así es la rosa,
decía Juan Ramón en un poema,
y yo hoy he repetido el mismo lema
contemplando tu infancia tan hermosa.

Qué ni el viento la toque, escribiría
otro poeta que ahora no recuerdo,
pero con él ahora estoy de acuerdo,
que ni el viento te toque tu alegría.

Que nadie se aproxime a tu inocencia
para robarte de ella las virtudes,
porque aquel que lo haga que no dude
de mi lucha sin fin por defenderla.

Sin embargo mi lucha será en vano
porque habrás de vivir los sinsabores,
y en ese mundo tuyo de colores,
alguien ha de meter su negra mano.

Me causa tanta pena que tu alma
pueda turbarla un día un mal nacido
y esa ternura con la que has crecido
la hiera con el filo de sus armas.

¿Cómo puedo yo hacer por protegerte
para que nunca pierdas tus valores?,
cuando en el mundo son como las flores,
alguien las corta para darles muerte.

Quisiera tener fuerza suficiente
para que nadie toque tu alma noble,
y que tú fueras siempre como el roble
y consigas vencer al que lo intente.

Pero esto es solo un sueño de poeta,
el amor que me mana al ser tu abuela,
por más que esté encendida mi candela,
habrá sombras también en tu maleta.

Mi corazón se rompe en mil pedazos
al pensar que la rueda de la vida,
avanzará para causarte heridas
y tú ya no estarás entre mis brazos.

Añoranza

¿Dónde estarás ahora?, ¿habrás hecho tu nido?,
quizá ya ni recuerdes lo que viviste ayer,
ni sepas desde luego lo que yo te he querido
ni cuantas madrugadas despierta te lloré.
Tu nunca adivinaste que al tenderte mi mano,
no era tan solo un signo de buena educación,
que te daba con ella, todo cuanto soñamos
cuando en la adolescencia se descubre el amor.
Yo vivo ahora otro mundo donde quiero a otro hombre,
dónde no hay fantasía, dónde su amor no miente,
he tenido mil noches de ternura infinita,
y ha hecho que floreciera su semilla en mi vientre.
Sin embargo no puedo aunque quiero olvidarte,
ni se por qué has dejado tanto recuerdo en mi,
nunca jamás tus labios llegaron a besarme,
y he ahogado los besos que yo nunca te di.
Pero aunque nuestros cuerpos nunca se hayan fundido
en el mágico abrazo de cualquier madrugada,
yo tiemblo con tu nombre resonando en mi oído
y a veces me parece como que tú me llamas.

A la puerta del quirófano

Nunca te amaré más que en esta hora
en que se te ha quebrado la salud,
porque tú eres mi guía, eres mi luz,
la sonrisa que siempre me enamora.
Solo deseo estar bajo tu abrazo,
sentir que me acaricias suavemente,
el beso que me dejas en la frente,
la ternura infinita de tus brazos.
El estar junto a tì me hace más fuerte,
eres la sombra fresca en el estío,
el eterno placer, mi señorío,
estoy ansiosa siempre de tenerte.
Cuando salgamos de este desvarío
en que nos ha encerrado hoy la vida,
cesará ya la noche y vendrá el día.
y seguirá tu amor en pos del mío.

La magia de la melodía

Salieron de sus dedos mientras soñaba,
despierto no es posible tanta belleza,
su mano en el teclado se deslizaba
cómo si acariciase la flor más tierna.
Y al despertar el día por la mañana,
comprobó que su obra estaba completa,
la inspiración al sueño le puso alas
y el vals le dejó entonces el alma llena,
dibujó un bello cuadro en el pentagrama
para inundar de notas la estancia entera,
y surgió como magia la melodía,
lo mismo que despierta la primavera.

Sin miedo

No hay nadie en el mundo que tenga más miedo
que este que me corre a mí por las venas,
sin embargo empujo con fuerza la vida
me lanzo al combate y lucho con ella,
porque no consiento que nadie este solo
aunque sea costoso ganar la pelea,
porque quiero verles siempre una sonrisa
a todos aquellos que a mí me rodean,
porque si es preciso me vendo los ojos
y les doy el alma aunque vaya a ciegas
para que el temor no detenga el paso,
para ser más fuerte y que no me venza
porque me he propuesto el no ser cobarde
aunque nadie sabe lo mucho que cuesta,
pero yo no quiero que llegue el momento
que me necesiten, y que no me tengan.

Oración a la Virgen del Pilar

Señora que desde el cielo escuchas mis oraciones
y ruegas porque tus hijos tengan en el alma paz,
bajo el manto que te abraza pongo hoy mis intenciones
para encontrar el camino que nos muestra la verdad.
Dame Señora tus dones para saber en la vida
darle al hermano el ejemplo de paz y de caridad,
¡oh Virgen! tú que eres madre conoces los corazones,
llénalos con esperanza y fuerza para luchar.
A tus plantas hoy te pongo las intenciones del mundo,
cesa ya todas las guerras, la injusticia y la maldad,
y hagamos todos unidos una senda hasta Tu trono
donde por Tu intercesión nos de Dios la eternidad.

A vosotros

Cuando alguien os cuente las penas del mundo
y os muestre un futuro falto de ilusiones,
coged la mochila que lleváis ahora
y mostrar lo llena que está de valores.
Decirle a la gente que os han enseñado
ser fiel al amigo y ayudar al pobre,
que cada persona merece respeto,
que el amor no tiene nunca condiciones,
que entendéis que a veces fallan las palabras
y que tristemente puede haber traiciones.
Pero es importante luchar en la vida
para que la gente no tenga colores,
que da igual que lleguen de distintos sitios
todo ser humano merece favores.
Y aunque sea verdad que por el camino
sabéis que se encuentran muchos sinsabores,
también es muy cierto que estáis aprendiendo
que siempre hay auroras después de la noche.

Anhelos

He querido bajarte una estrella
que alumbrara y guiara tus pasos,
he querido ser brisa de aquella
que acaricie la piel de tus manos,
he querido ser luna en la noche,
el pañuelo que enjuga tu llanto,
el amigo que escucha tus penas,
conseguirte ese amor tan soñado.
Pero no puedo ser nada de eso
yo no tengo poder para tanto,
soy tan solo quien siempre te vela,
quien se acuesta en la noche rezando
porque el día te ponga la risa
de alegría y color en tus labios.
Quien espera paciente en la sombra
para ver si sucede el milagro
de que llegue la magia a tu vida
y consiga que al fin vueles alto.

¡Cuánto pesa el tiempo!

Cuando llegue el día que mis pies, mis manos,
no estén al servicio de los que más quiero,
cuando ya no pueda aliviar sus males,
cuando ya no sienta lo mismo mi cuerpo,
tener la paciencia de entender mi vida,
para esos días tristes, darme ese consuelo,
que alivie mi paso en ese camino
donde ya no hay fuerzas para recorrerlo.
Me pesará entonces no ser quien he sido,
los días que pude darme por entero,
pero no será porque no lo acepte
sé que la vejez trae estos momentos.
Tan solo ese día me causará pena
no ser una ayuda como lo he ido siendo,
y querer a veces prestaros mi días,
y ver que mi cuerpo ya no puede hacerlo.

Amor eterno

¿Quién dice que en la vejez el amor pierde sus alas?,
¿quién dice que la ternura ya no se vive en la cama?
Yo tengo nieve en el pelo, y las manos muy cansadas,
mis pasos ahora son lentos, y no hay brillo en mi mirada,
pero aún me bebo su aliento al llegar cada mañana,
con su cabeza y la mía juntas en la misma almohada.
Sus besos saben al vino de unas uvas cosechadas
después de toda una vida, en una vendimia larga.
No digáis que se ha dormido, porque me palpita el alma
cuando en la noche mi mano coge para acariciarla,
sí, es verdad que ya ha pasado esa pasión que abrasaba,
los proyectos de futuro con los hijos aún en casa,
la emoción de aquellas citas en esa calle dorada
con dos cuerpos aún erguidos viviendo su madrugada.
Pero si se ha amado tanto, el corazón no se cansa,
y late en cada suspiro aún con la piel arrugada.

Adolescencia

Has dejado muy pronto de ser niño
aunque aún duermes en cuna de ilusiones,
no mides más allá de metro y medio
y crees que has conquistado ya la vida.
Aún te asusta la noche y su silencio,
y pides a papá cuando te cuida
que te refugie siempre en sus abrazos,
esos que él te regala sin medida.
Vas descubriendo el mundo en bicicleta
llenando poco a poco tu mochila
con sueños que ahora crees que serán ciertos,
y que han de hacerse realidad un día.
Paseas enfundado en tus vaqueros,
y con el pelo lleno de gomina,
sin saber lo que esconde tu futuro,
ignorando que existe la mentira.
Un día despertarás vestido de hombre
dejando tu inocencia en una esquina,
y sabrás a qué saben las traiciones,
y sabrás que el camino tiene espinas.
Que hay noches además de amaneceres,
porque el azul que tienen tus pupilas
se habrá nublado ya, cuando al fin sepas
que se puede perder una partida,
porque fuiste mostrando tu jugada
y el otro tenía cartas escondidas.
Agárrate muchacho bien al tiempo,
no quieras ya cruzar a la otra orilla,
donde te has de encontrar con un mañana
que dejará en tu alma alguna herida.

Las preocupaciones

Para que preocuparte, la vida no se para,
no se detiene nunca a contemplar tu pena,
los días van pasando sin que tengan en cuenta
si tu acaso estuviste toda la noche en vela.
Todo gira lo mismo, la gente se levanta
como cada mañana a cumplir su tarea,
y el viento te ha borrado el llanto de tus ojos
y solo tú supiste que te ha dejado huella.
Agárrate al momento, olvida tu pasado
y que solo te ocupes buscando la manera
de restañar heridas mostrando valentía,
de pintarte sonrisas para que no te duelan.
Verás que todo aquello que hoy te estaba angustiando
pronto lo lleva el tiempo cual se borra en la arena.
Aprende que no hay nada que dure eternamente,
y demuestra a la vida que tú puedes con ella.

Melancolía

Yo crecí a mi pesar, yo no quería
no ansiaba el alcanzar los dieciocho
era feliz allí donde vivía,
una niña soñando la alegría
de marchar al colegio hacia las ocho,
Me gustaba el olor de los tinteros
y de aquellas plumillas afiladas,
con los colores de los lapiceros
le ponía color a los luceros
después de terminar cada jornada.
El salto de la comba en los recreos,
con alguna letrilla que aún recuerdo,
y en la gimnsia los pololos negros
que cubrían mis piernas tan delgadas.
Tardes en fila, con los babys blancos
Íbamos a tomar la leche en polvo,
y con ella sin darnos casi cuenta
nos bebimos la vida sorbo a sorbo.
Qué lejos la niñez se encuentra ahora,
no pude cobijarme en su inocencia,
no ha conseguido todavía la ciencia
que se pare el reloj en aquellas horas.
Sin darte apenas cuenta ya has vivido
casi la mayor parte de tus días,
y añoras todo aquello que tenías,
y te entristece ahora lo perdido.

A la Virgen

¿Qué has visto Señora en mí
para darme tantos dones
y hacer con tus bendiciones
que se alivie mi sufrir?
Cuan bondadosa tú has sido
dando bálsamo a mis penas,
haces que con mis cadenas
hoy esté menos herido.
Mi alma contigo ha sentido
todos los dones del cielo
pues me das ese consuelo
que de Vos yo he recibido.
A Ti me siento rendido
y es eterna mi alabanza,
porque vivo en la esperanza
de que tuya sea mi vida.

Poemas del confinamiento

Así llegó

Cruza la muerte a galope
recorriendo España entera,
y en este Madrid querido
 de las artes y las letras,
clava feroz la guadaña
y se esparce y se recrea.
Cataluña está blindada
mientras la Alhambra se cierra,
los vascos viven sitiados,
porque en esta cruel guerra,
se llenan los hospitales
de esta edad dorada y tierna
que ha sido nuestro soporte
cuando hubo tiempos de pena.
Es como Atila, a su paso
no deja crecer la hierba.
Y están vacíos los patios
 de niños en las escuelas,
callando también las calles
que permanecen desiertas.
Ya no hay abrazos ni besos,
cierran las casas sus puertas,
y ejércitos sanitarios
hasta quedarse sin fuerza
en su campo de batalla
luchan contra la pandemia.
Pero siempre hay esperanza,
un español no se arredra,
y venceremos al virus,
y borraremos su huella,
y tocaran las campanas

con un gloria en las iglesias,
y en cada comunidad
ondeara su bandera
sin importar su color,
todos juntos en la fiesta
que aquí solo hubo españoles
para vencer a esta fiera.

Confinamiento

¿Por qué vamos ahogarnos en sollozos
cuando late la vida cada vez que amanece?
¿Por qué no encontrar horas donde pasar con gozo
este tiempo aunque a veces nos turba y entristece?
Pensemos solamente en que seguimos vivos,
en que nuestras familias nos hablan cada día,
que la técnica da cada hora un motivo
para que nos unamos en la misma alegría.
Cierto que las noticias nos nublan siempre el alma,
que hablan de los abuelos que engrosan esas listas
atroces y crueles que nos quitan la calma
y cortan el aliento con un filo de arista.
Pero luego escuchamos la risa de los niños
que nos mandan dibujos y nos cuentan sus juegos,
porque aún en la distancia sentimos su cariño
y ayudan si estas triste a sonreír de nuevo.
Pues dejemos la pena por si viene a la casa
y encontremos motivos de dar gracias al cielo,
porque todo en la vida al final siempre pasa
y volveremos juntos a las calles de nuevo.

Covid 19

He enfermado del Covid 19
de una forma distinta de otra gente,
mi enfermedad no ataca los pulmones,
me ataca de otro modo diferente.
Pero sí que está en mí, me ha poseído,
me sigue dónde quiera que yo vaya,
igual si estoy despierto que dormido
porque el en cualquier parte me acompaña.
Aunque es mi pensamiento solamente
el sitio en el que el virus se ha instalado,
es un caudal que nubla mis sentidos,
me acecha y cada día está a mi lado.
Mis órganos denuncian su presencia
porque todos se sienten zaheridos,
se altera y se acelera mi latido
y me ahoga una sombra con urgencia,
y lo peor de todo, lo que aúna,
es que para mí mal no haya remedio,
pues para esto no existe ningún medio
de poder fabricar una vacuna.

Día de la Madre 2021

Dicen que no se puede dar abrazos,
pues yo aseguro que los he sentido,
ayer, al levantarme, mi marido
me unió con su mirada en dulce lazo.
Era el día de la madre, ya es sabido,
y hubo fiesta por parte de los hijos,
y cada uno su sentir me dijo
de un modo que no había conocido,
rodeando de tal forma el corazón,
con caricias que no precisan manos,
que fue como una aurora de verano
cuando empieza a brillar radiante el sol.
Dibujos que no saben de academia
me ofrecieron los niños con ternura,
y di gracias a Dios por tal ventura,
y me olvidé que estamos en pandemia.
Sentí tanta dulzura en mi regazo,
que comprendí de diferente modo
cómo pueden llenarte de amor todos
aunque se hayan prohibido los abrazos.

Navidades 2020

No dejemos que el miedo y el dolor
se sienten este año a nuestra mesa,
no dejemos que vaya la tristeza
a robarnos la noche del amor.
Es cierto que nos cerca un enemigo
que ha vuelto nuestras vidas de otro modo,
que deja desconcierto en el camino
y nos hace sentir que estamos solos.
Qué después de las uvas no habrá beso
y algunos brindaran en solitario,
y será como un día de diario
el que otros años fue risas y besos.
Pero el Niño también vuelve este año,
celebremos entonces su regreso
porque El en su belleza y embeleso,
sanará el corazón de tanto daño.

Una enseñanza diferente

A vosotros maestros y maestras
que habéis tenido que dejar la escuela
y cambiar las pizarras y las tizas
por el ordenador y las tabletas.
Qué no tenéis horario cada día
aunque muchos se creen que estáis de fiesta.
Hoy tenéis que atender a los alumnos
compartiendo ese tiempo en las tareas
de cuidar vuestra casa y vuestros hijos,
y hacer que los pequeños os entiendan
y sepan que papá o mamá no pueden
compartirles su tiempo estando cerca.
Qué tenéis que inventaros cada día
 cómo desarrollar esas materias
que en el aula se hacían tan cercanas,
se podían explicar de otra manera.
Ahora hay que reinventar métodos nuevos
para que luego el niño los entienda,
y estáis dejando el alma cada día
para que las familias os comprendan,
y sepan que enseñar en la distancia
es mucho más difícil que en presencia.
Yo estoy segura que será este curso
el más difícil que hubo en la docencia,
y que se va a quedar en el olvido
sin que nadie valore la paciencia.
Sin embargo pensar que vuestro esfuerzo
con el tiempo dará buena cosecha,
y sabrán los alumnos de este curso
que os disteis por entero en vuestra ciencia.

Índice